改訂版 私立・国立
小学校入試
類似問題集
構成A

Shinga-kai

※構成①、②で使用します。あらかじめ、それぞれのカードを切り取ってお使いください。

【カード】

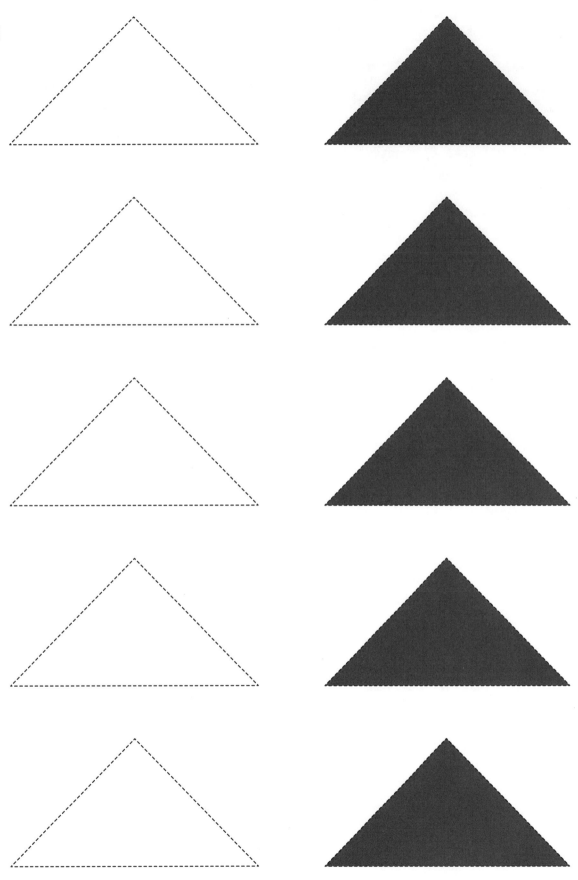

※構成③〜⑤で使用します。あらかじめ、それぞれのカードを切り取ってお使いください。

構成③【カード】

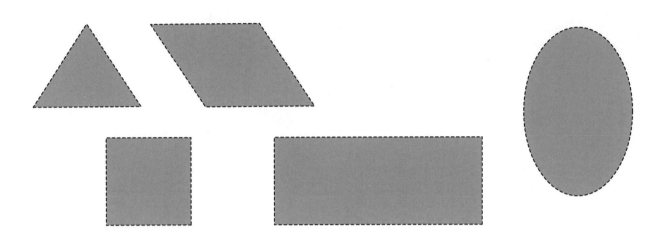

構成④【カード】

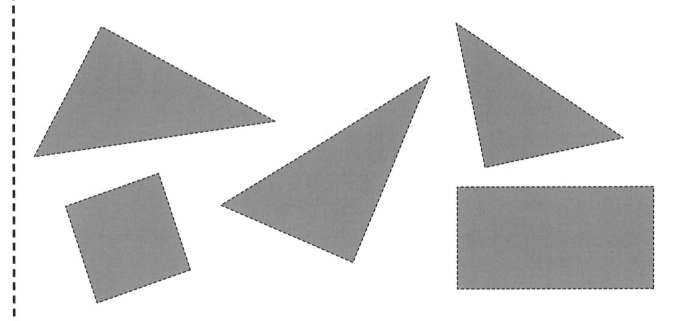

構成⑤【カード】

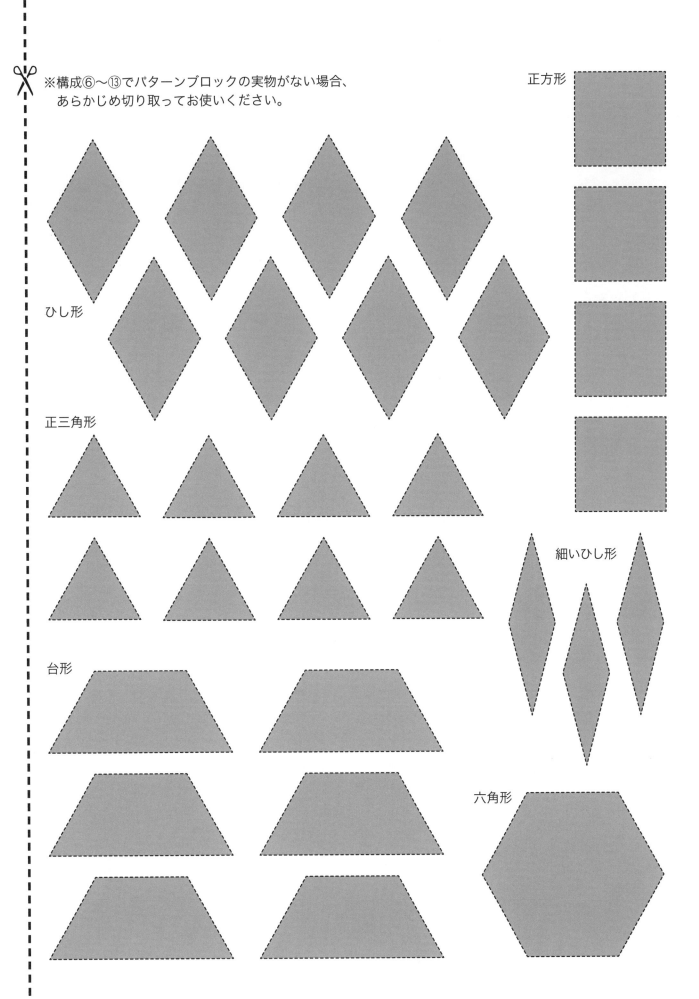

※構成⑥〜⑬でパターンブロックの実物がない場合、
　あらかじめ切り取ってお使いください。

正方形

ひし形

正三角形

細いひし形

台形

六角形

7

※構成⑭〜⑲で使用します。あらかじめ、それぞれのカードを切り取ってお使いください。

構成⑭〜⑰【カード】————————————————————————

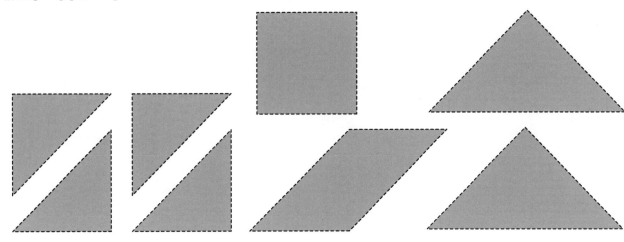

構成⑱【カード】————————————————————————————

構成⑲【カード】————————————————————————————

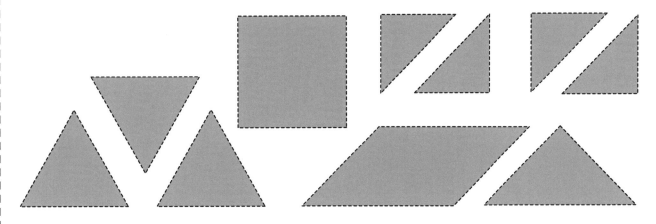

構成⑳Ⓐ【カード】

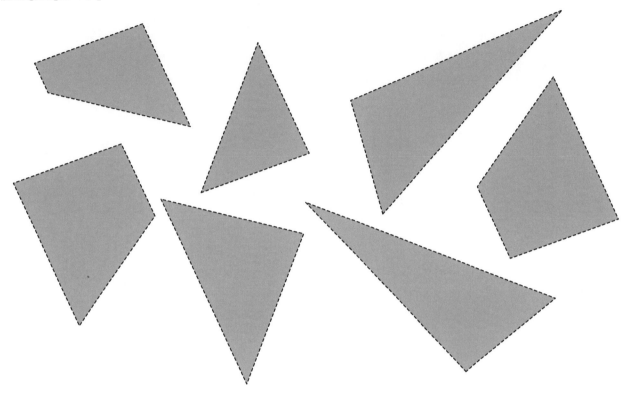

構成⑳Ⓑ【カード】

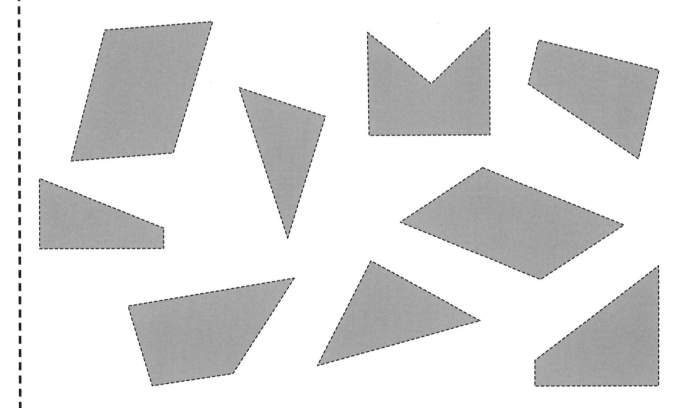

【お手本】

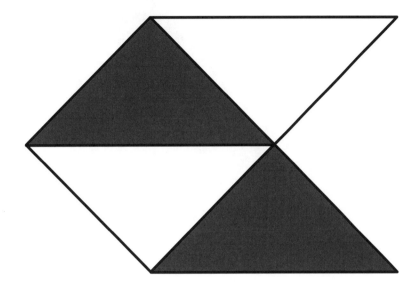

【お手本】

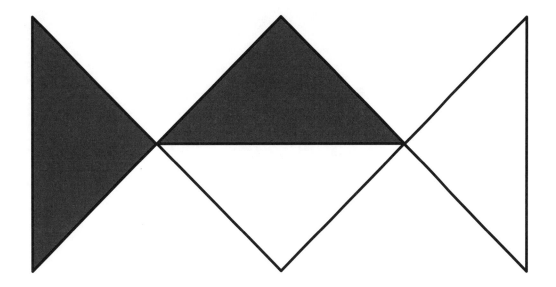

A

B

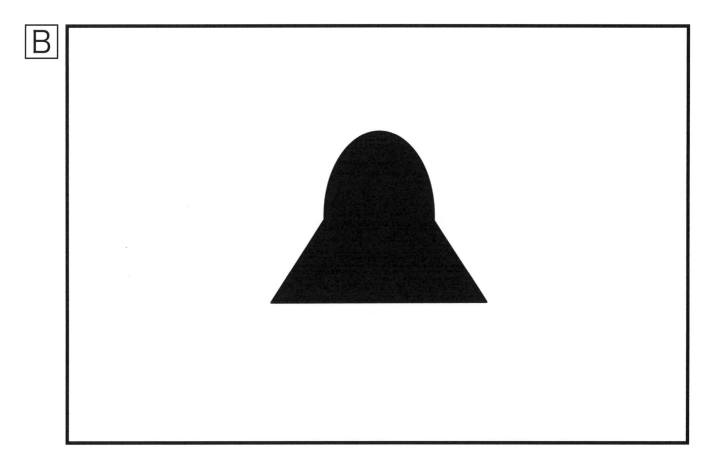

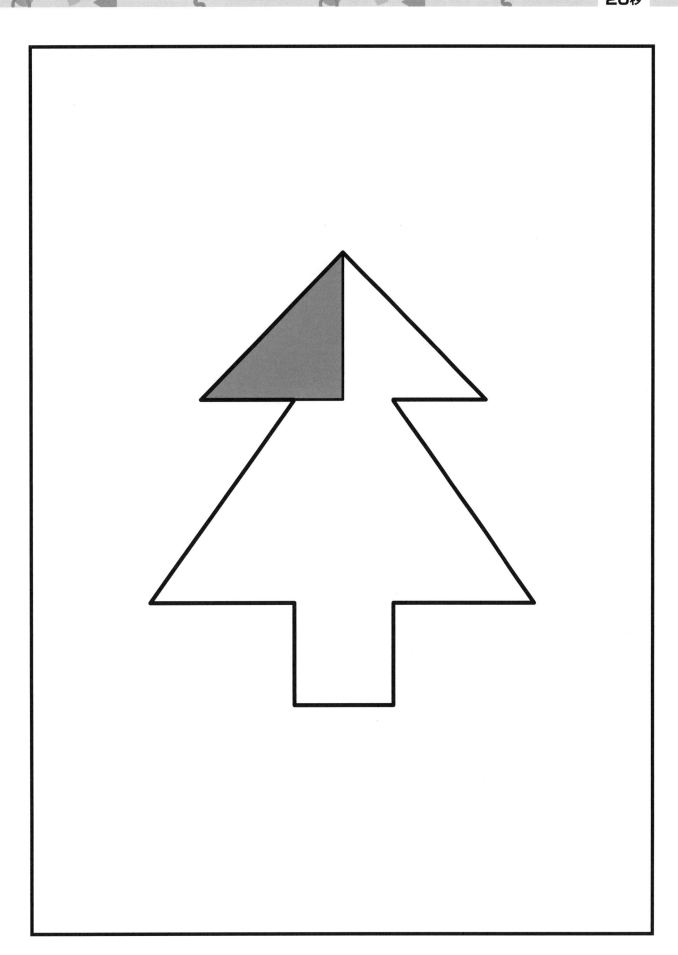

A

【お手本】

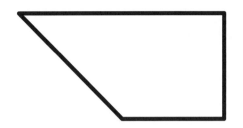

B

【お手本】

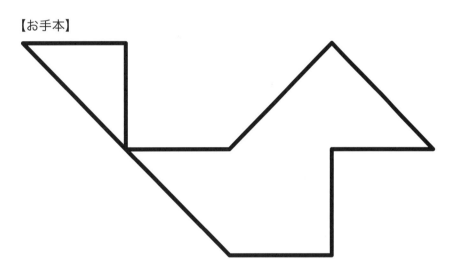

C

【お手本】

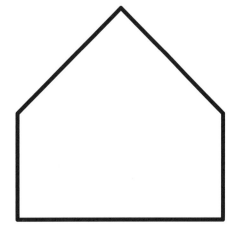

A

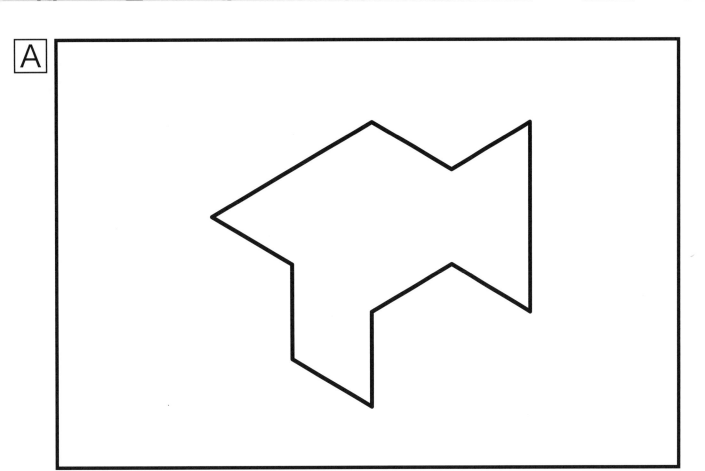

B

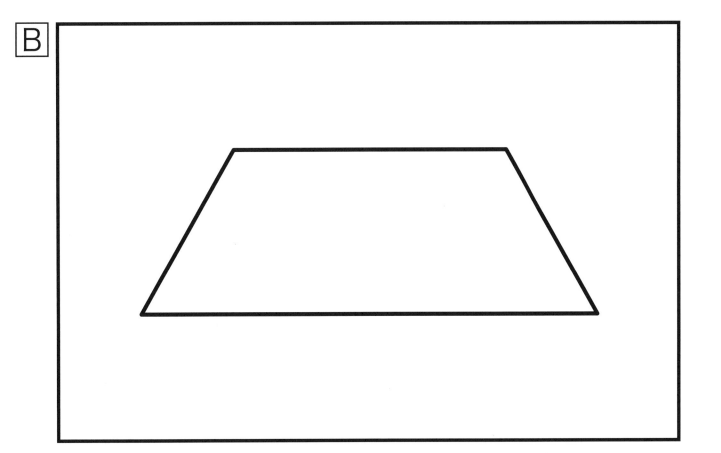

Ⓐ 【お手本１】

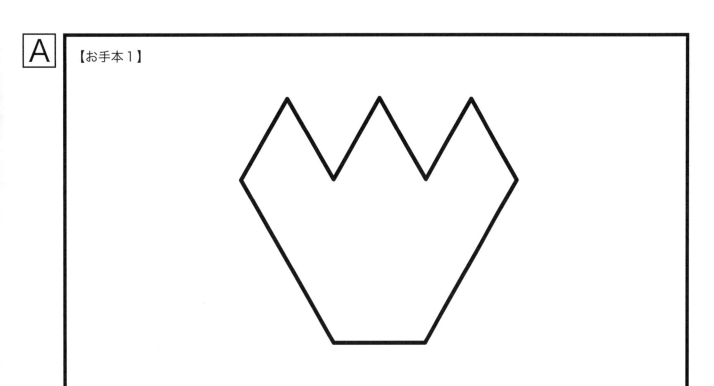

Ⓑ 【お手本２】

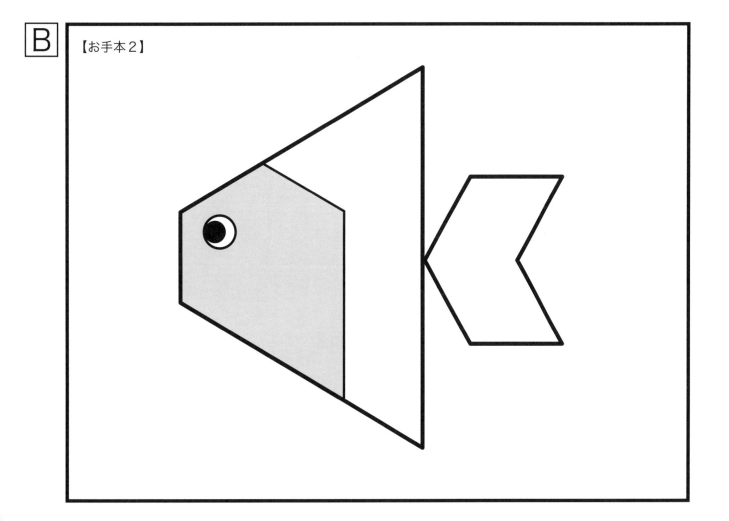

構成⑧

Ａ

【お手本】

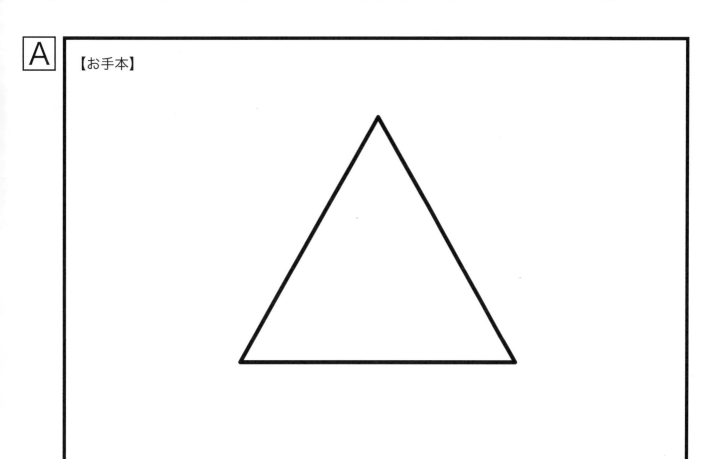

Ｂ
Ｃ

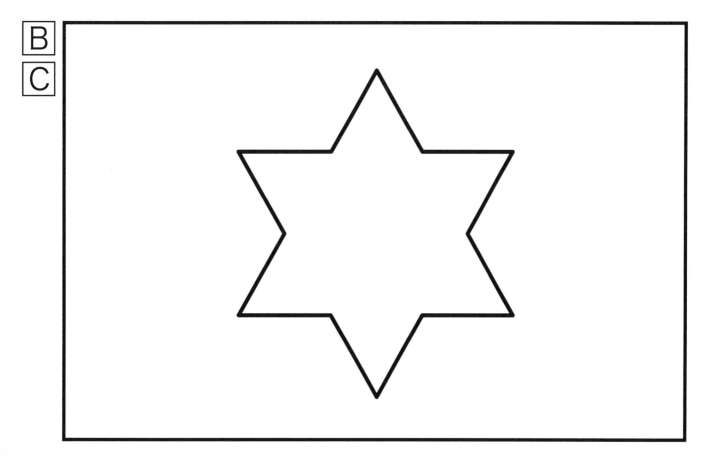

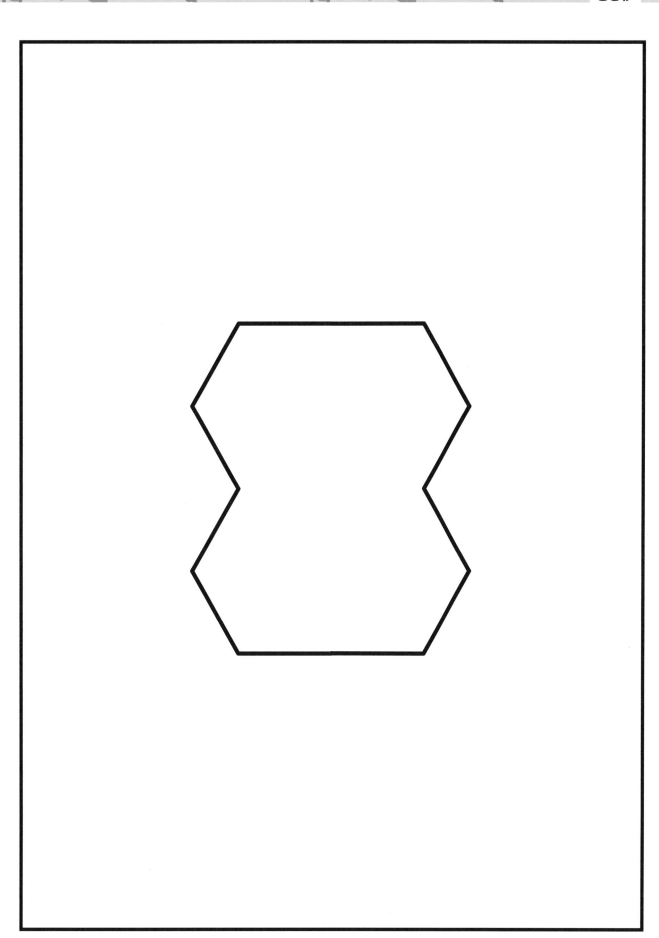

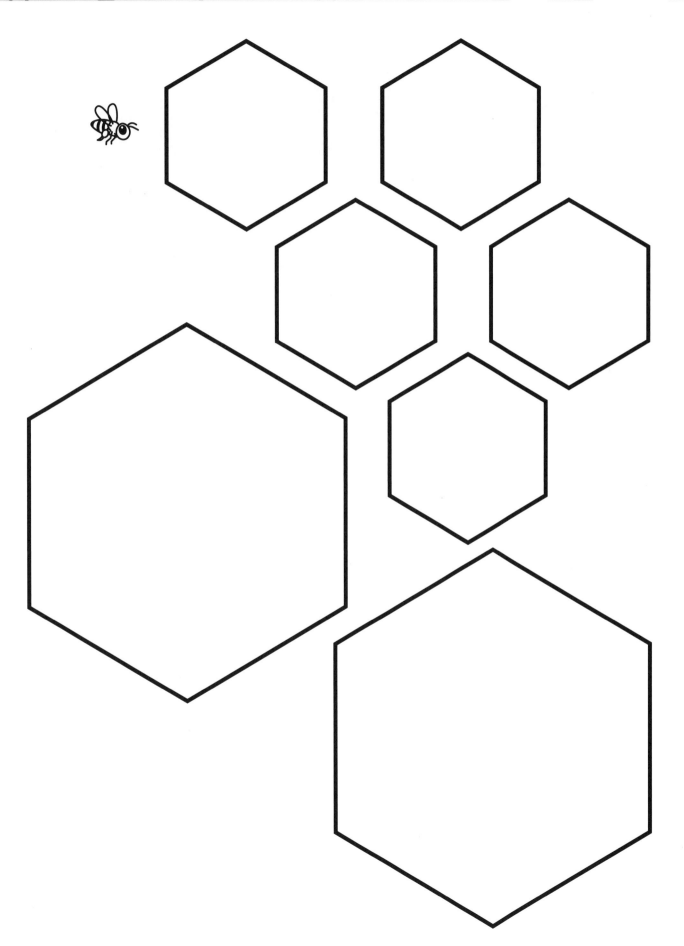

1分

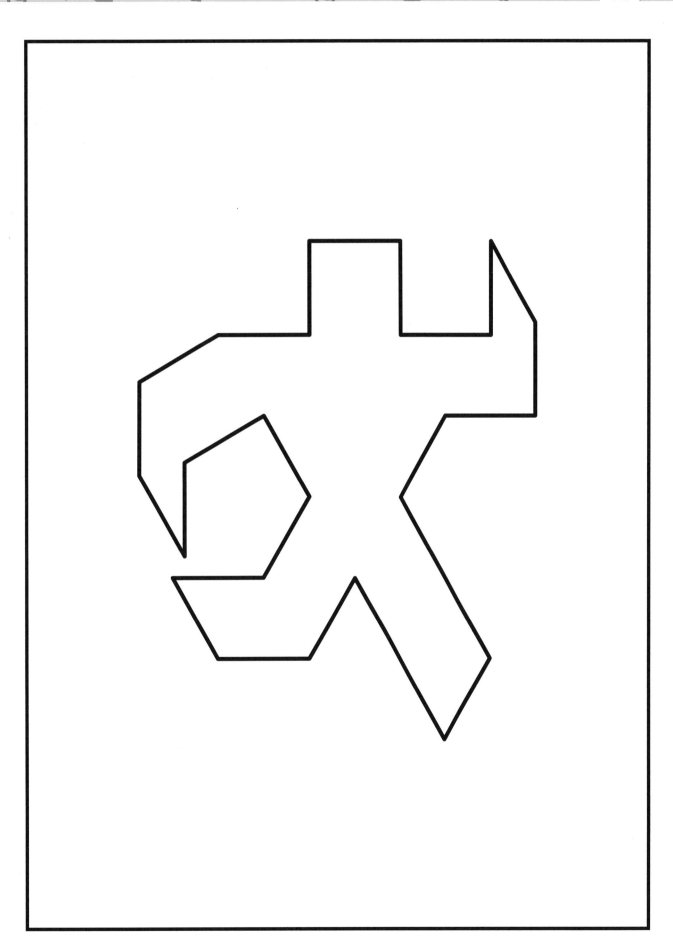

1分

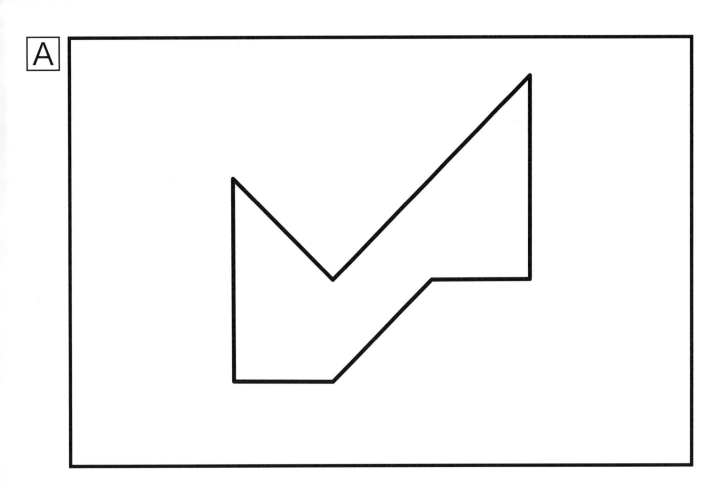

A

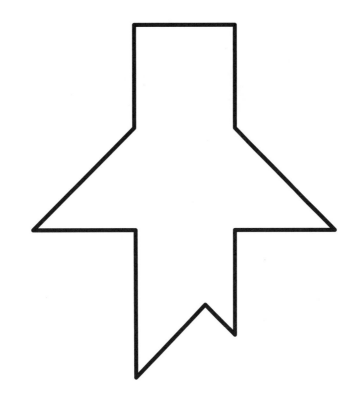

B

C

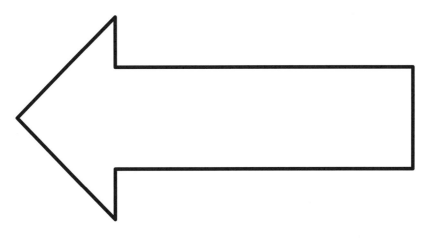

40秒

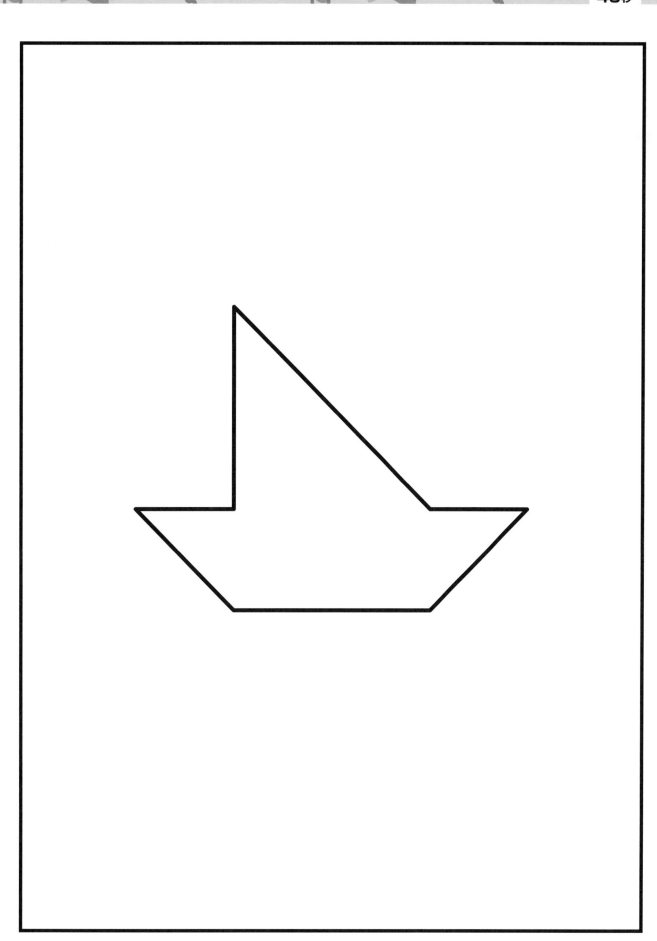

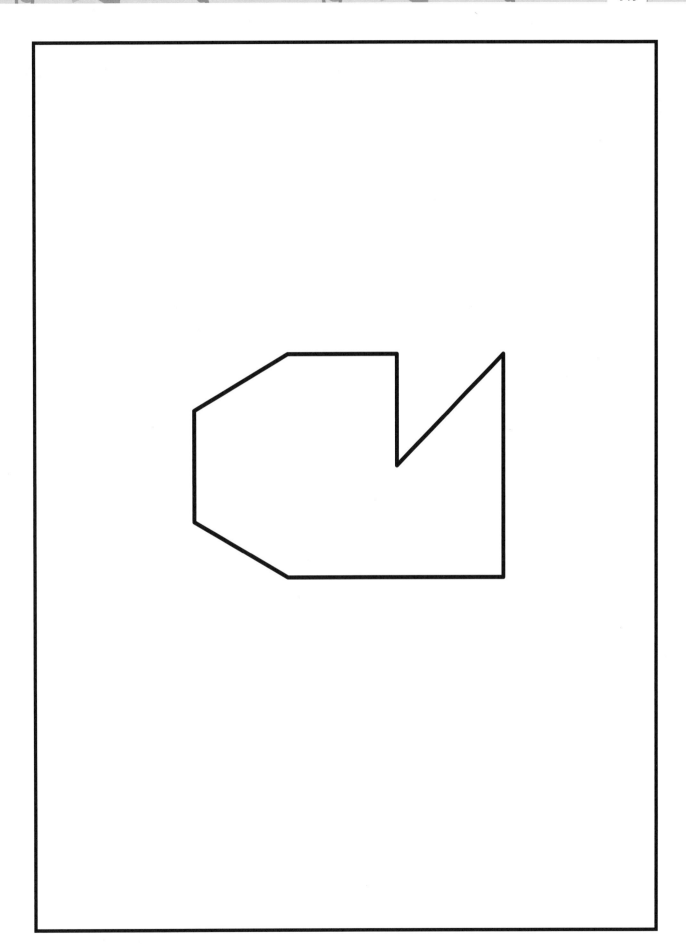

49

A

B

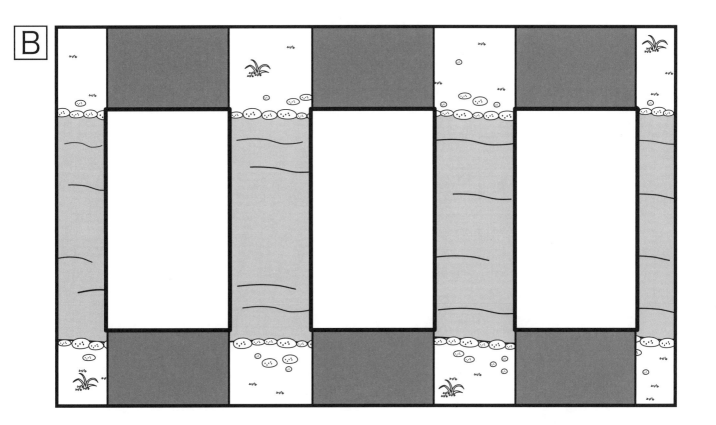

A

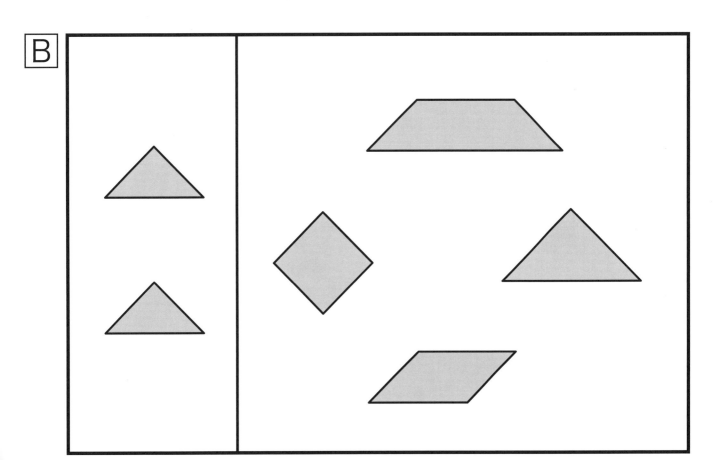

B

A

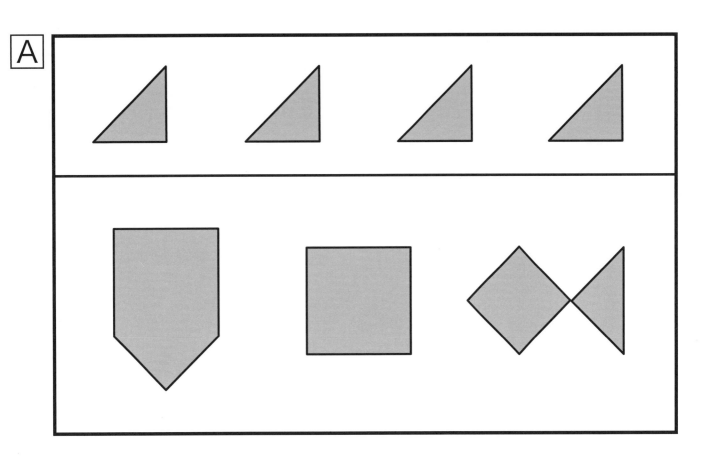

B

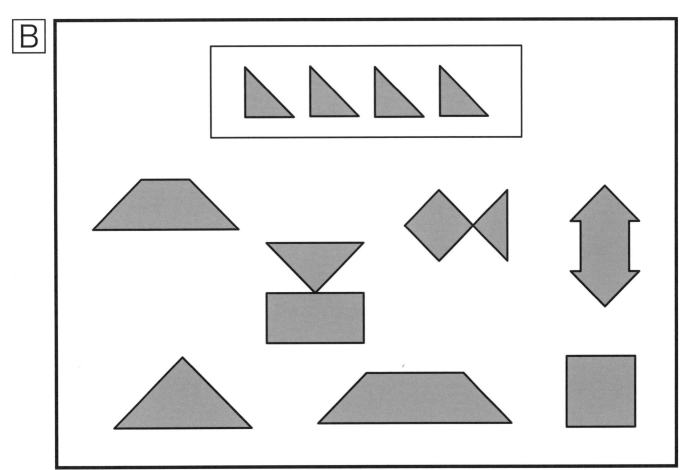

A

B

Ａ

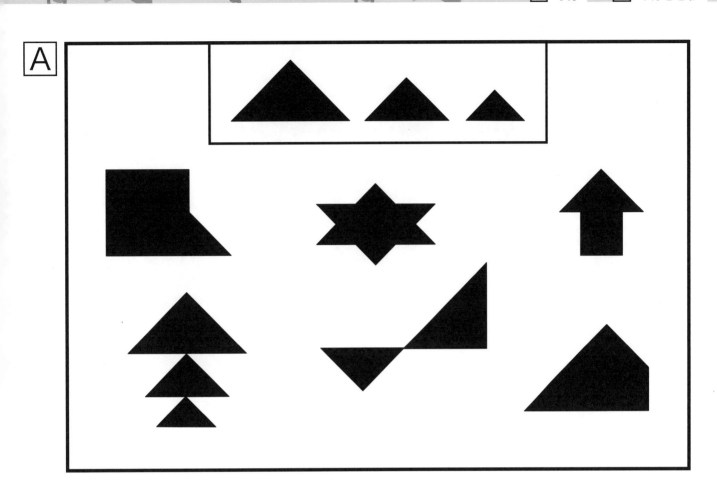

Ｂ

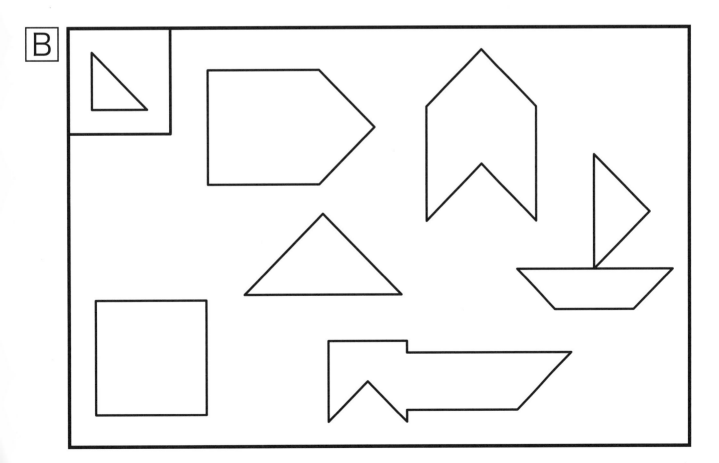

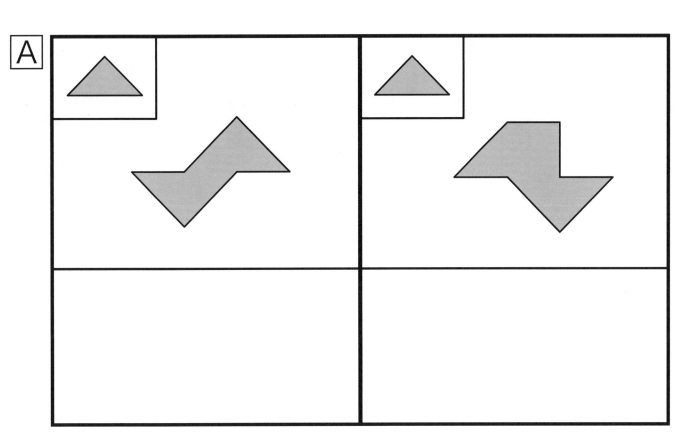

A

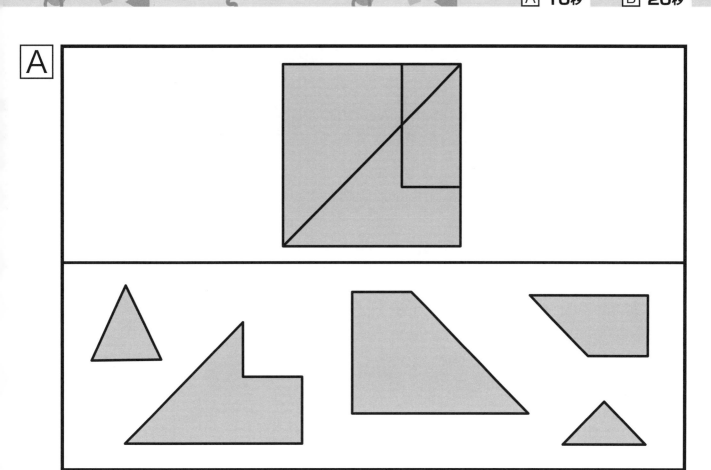

B

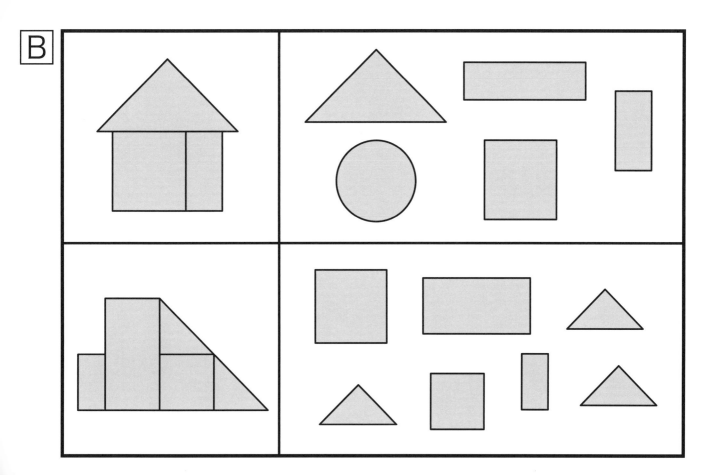

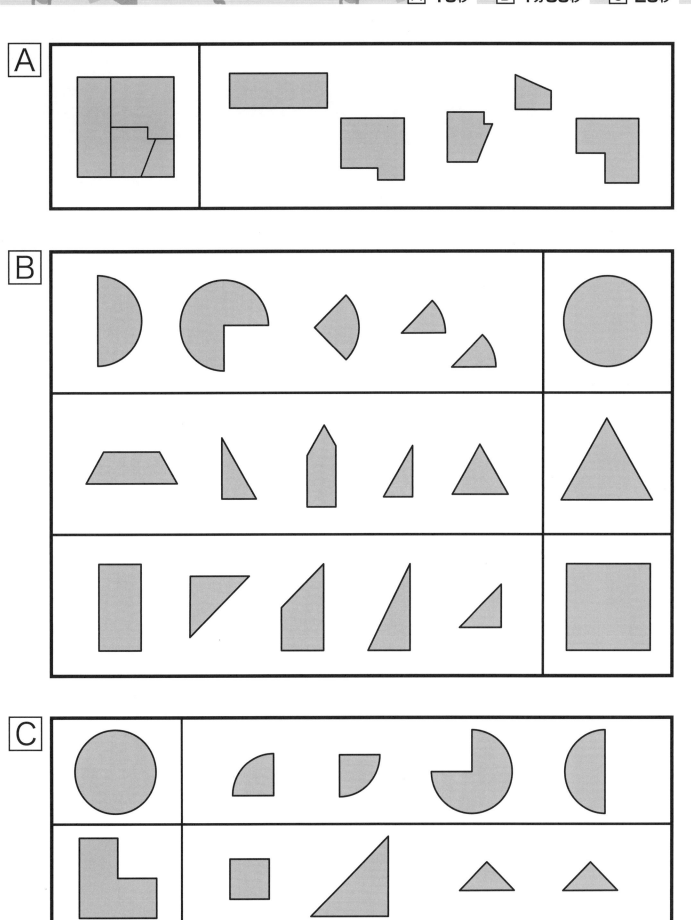

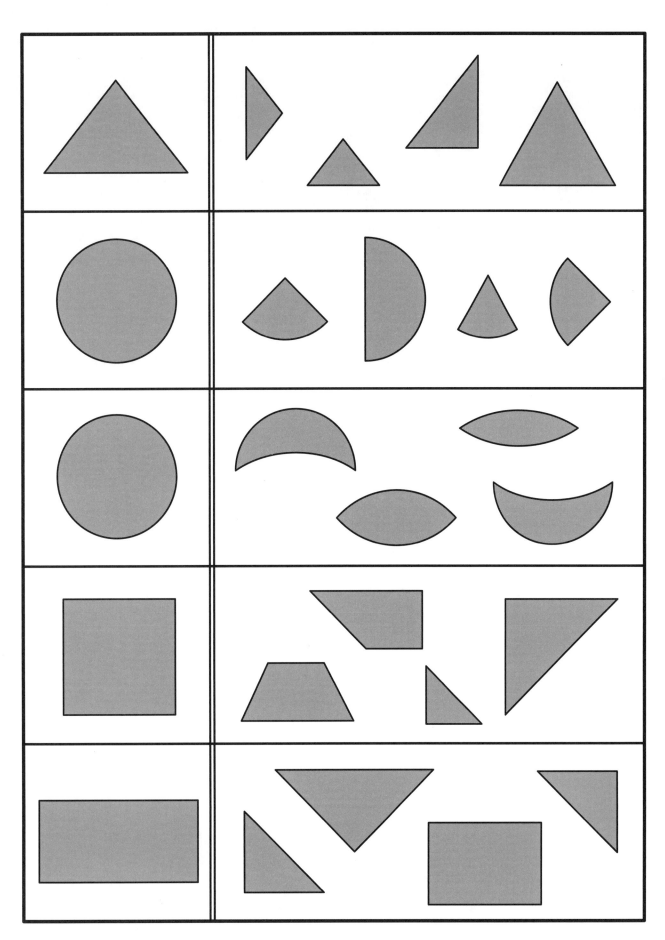

改訂版 私立・国立
小学校入試類似問題集
構成A

問題・解答例

　「構成」の問題にはいろいろなパターンがあり、正しい答えを出すには推理力、思考力、観察力が要求されます。2、3枚のカードを組み合わせるような比較的易しいものは直感的に解けることが多いですが、複雑な問題では試行錯誤をくり返したり、考えたりする力が必要です。考えることにより集中力も養われ、子どもが伸びる一つのステップになります。構成Aでは、さまざまな形のカードやパターンブロックを実際に操作することから始めます。図形を切り取る作業も含んでいますので、簡単なものはお子さんが、複雑なものは保護者の方が切り取るようにしてください。

●保護者へのアドバイス

　構成力は日常生活の中で、積み木やブロック遊びなどを通して培われていきますが、それだけでは十分と言えません。問題が難しくなってきたときに、今までの経験を基に考えて対応する力が大切です。簡単な問題は楽しくくり返し、できたらお子さんと一緒に喜び、次に進むようにしましょう。得意、不得意の差が出やすい項目の一つですが、簡単なものから順に体験量をしっかり重ねると、さまざまなパターンが見えてきます。複雑な問題では早急に答えを求めず、よく考える習慣を身につけるようにしましょう。

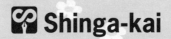

1 構成① ★★★

3ページのカード10枚を切り取って用意する。

●上のお手本と同じになるように、下の四角い枠の中に三角のカードを置きましょう。

時間	1回目	2回目	3回目
	/15秒	/12秒	/10秒

2 構成② ★★★

3ページのカード10枚を切り取って用意する。

●上のお手本と同じになるように、下の四角い枠の中に三角のカードを置きましょう。

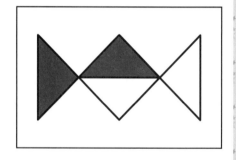

時間	1回目	2回目	3回目
	/20秒	/17秒	/15秒

3 構成③ ★★★

5ページのカード5枚を切り取って用意する。

A

●黒い形にピッタリ合うように、カードを置きましょう。カードは重なってもいいですよ。

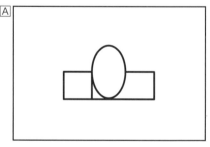

B

●黒い形にピッタリ合うように、カードを置きましょう。カードは重なってもいいですよ。

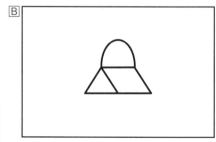

A 時間	1回目	2回目	3回目
	/20秒	/17秒	/15秒

B 時間	1回目	2回目	3回目
	/20秒	/17秒	/15秒

※複数解答あり

4 　構成④　★★★

5ページのカード5枚を切り取って用意する。

●枠の中の白いところにピッタリ入るようにカードを置きましょう。

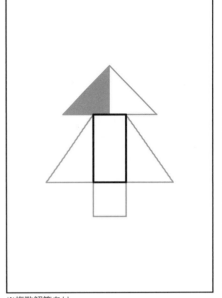

※複数解答あり

時間	1回目	2回目	3回目
	／30秒	／25秒	／20秒

5 　構成⑤　★★★

5ページのカード6枚を切り取って用意する。

A
●カード3枚を並べて、お手本と同じ形を作りましょう。

B
●Aにカード3枚を足して、お手本の鳥の形にしましょう。

C
●Bから2枚だけ動かして、お手本のお家の形にしましょう。

A 【お手本】

B 【お手本】

C 【お手本】

※複数解答あり

A・B 時間	1回目	2回目	3回目
	／15秒	／12秒	／10秒

C 時間	1回目	2回目	3回目
	／30秒	／25秒	／20秒

6 　構成⑥　★★★

※パターンブロックの実物がない場合は、7ページを切り取って使用する。

A
パターンブロック（六角形、台形、ひし形、正三角形を各1個）を用意する。
●枠にピッタリ入るように置きましょう。

B
パターンブロック（六角形1個、台形2個、ひし形1個、正三角形2個）を用意する。
●枠にピッタリ入るように置きましょう。

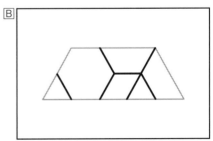
A

B

※Bは複数解答あり

A 時間	1回目	2回目	3回目
	／25秒	／22秒	／20秒

B 時間	1回目	2回目	3回目
	／45秒	／35秒	／30秒

7　構成⑦　★★★

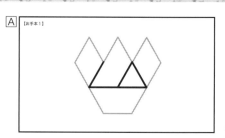

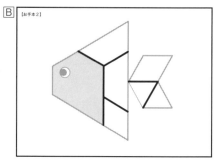

※パターンブロックの実物がない場合は、7ページを切り取って使用する。

パターンブロック（台形、ひし形、正三角形を各2個）を用意する。

A
●お手本1と同じ形を作りましょう。

B
●（お手本1を作ったパターンブロックをいったん片づけ）お手本2の魚の続き（白いところ）を作りましょう。

A 時間	1回目	2回目	3回目
	/45秒	/37秒	/30秒

B 時間	1回目	2回目	3回目
	/50秒	/45秒	/40秒

※複数解答あり

8　構成⑧　★★★

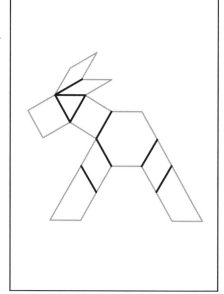

※パターンブロックの実物がない場合は、7ページを切り取って使用する。

パターンブロック（六角形1個、台形2個、正方形2個、ひし形2個、細いひし形2個、正三角形1個）を用意する。
●枠にピッタリ入るように、パターンブロックを置きましょう。

時間	1回目	2回目	3回目
	/1分	/50秒	/45秒

9　構成⑨　★★★

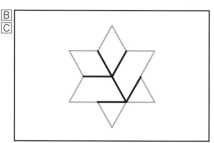

※パターンブロックの実物がない場合は、7ページを切り取って使用する。

パターンブロック（台形、ひし形、正三角形を各6個）を用意する。

A
●パターンブロックで、お手本と同じ大きさの形を作りましょう。
B
●残ったパターンブロックを使って、枠にピッタリ入るように、パターンブロックを置きましょう。
C
●（Aを作ったパターンブロックを片づけ、Bは残しておく）Bと同じ形を、先ほどとは違う並べ方で作りましょう。

A 時間	1回目	2回目	3回目
	/45秒	/37秒	/30秒

B・C 時間	1回目	2回目	3回目
	/45秒	/37秒	/30秒

※A、Bは複数解答あり。Cは解答省略

10　構成⑩　★★★

※パターンブロックの実物がない場合は、7ページを切り取って使用する。

パターンブロック（六角形1個、台形3個、ひし形3個、正三角形2個）を用意する。

●枠の中にピッタリ入るように、パターンブロックを置きましょう。ただし、使わないパターンブロックが1個になるようにしましょう。

	1回目	2回目	3回目
時間	/45秒	/40秒	/30秒

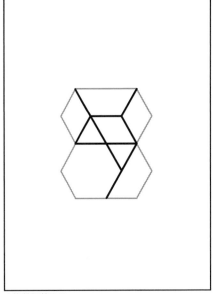

※複数解答あり

11　構成⑪　★★★

※パターンブロックの実物がない場合は、7ページを切り取って使用する。

パターンブロック（六角形1個、台形3個、ひし形4個、正三角形7個）を用意する。

A
●ハチの巣を作ります。まず、5つの小さい巣の枠にピッタリ合うようにブロックを置きましょう。そのうち4つは、それぞれ1つの色だけを使って作ります。最後の1つは、残りのブロックで作りましょう。

B
●今度は、大きい巣にピッタリ合うようにブロックを置きましょう。左側に置けたら、今度は右側に違う置き方で作りましょう。

A	1回目	2回目	3回目
時間	/1分20秒	/1分10秒	/1分

B	1回目	2回目	3回目
時間	/2分	/1分45秒	/1分30秒

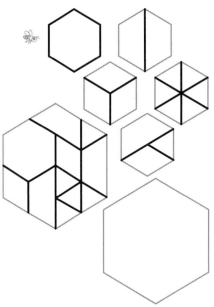

※複数解答あり

12　構成⑫　★★★

※パターンブロックの実物がない場合は、7ページを切り取って使用する。

パターンブロックを適宜用意する。

●枠にピッタリ入るように、パターンブロックを置きましょう。

	1回目	2回目	3回目
時間	/1分30秒	/1分15秒	/1分

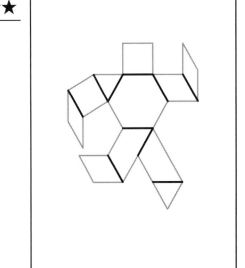

※複数解答あり

13 構成⑬

★★★

※パターンブロックの実物がない場合は、7ページを切り取って使用する。

パターンブロックを適宜用意する。
●枠にピッタリ入るように、パターンブロックを置きましょう。

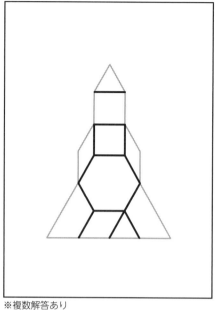

※複数解答あり

時間	1回目	2回目	3回目
	1分30秒	1分15秒	1分

14 構成⑭

★★★

9ページのカードを切り取り、大きい三角形1枚、小さい三角形2枚、平行四辺形1枚、正方形1枚をビニール袋に入れて用意する。

A

●カードを袋から出して、枠にピッタリ入るように置きましょう。

B

●枠にピッタリ入るように、カードを置きましょう。終わったら、ビニール袋にしまいましょう。

※袋から出し入れする作業もスムーズにできるようにしましょう。袋のほか、クリップの扱いにも慣れさせましょう。

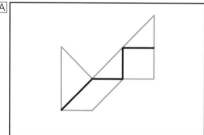

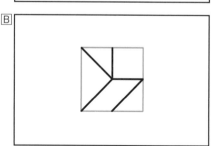

※Bは複数解答あり

A 時間	1回目	2回目	3回目
	45秒	37秒	30秒

B 時間	1回目	2回目	3回目
	45秒	37秒	30秒

15 構成⑮

9ページのカードを切り取り、大きい三角形1枚、小さい三角形2枚、平行四辺形1枚、正方形1枚をビニール袋に入れて用意する。

A

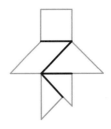

●カードを袋から出して、枠にピッタリ入るように置きましょう。

B

●枠にピッタリ入るように、カードを置きましょう。

C

●枠にピッタリ入るように、カードを置きましょう。終わったら、ビニール袋にしまいましょう。

※袋から出し入れする作業もスムーズにできるようにしましょう。袋のほか、クリップの扱いにも慣れさせましょう。

※複数解答あり

A 時間	1回目	2回目	3回目
	/45秒	/40秒	/30秒

B 時間	1回目	2回目	3回目
	/45秒	/40秒	/30秒

C 時間	1回目	2回目	3回目
	/45秒	/40秒	/30秒

16 構成⑯

9ページのカードを切り取り、大きい三角形1枚、小さい三角形4枚、平行四辺形1枚、正方形1枚をビニール袋に入れて用意する。

●カードを袋から出して、枠にピッタリ入るように置きましょう。
●終わったら、ビニール袋にしまいましょう。

※袋から出し入れする作業もスムーズにできるようにしましょう。袋のほか、クリップの扱いにも慣れさせましょう。

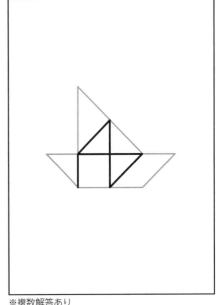

※複数解答あり

時間	1回目	2回目	3回目
	/50秒	/45秒	/40秒

17 構成⑰　★★★

9ページのカードを切り取り、大きい三角形2枚、小さい三角形3枚、平行四辺形1枚、正方形1枚をビニール袋に入れて用意する。

●カードを袋から出して、枠にピッタリ入るように置きましょう。
●終わったら、ビニール袋にしまいましょう。

※袋から出し入れする作業もスムーズにできるようにしましょう。袋のほか、クリップの扱いにも慣れさせましょう。

時間	1回目	2回目	3回目
	1分30秒	1分15秒	1分

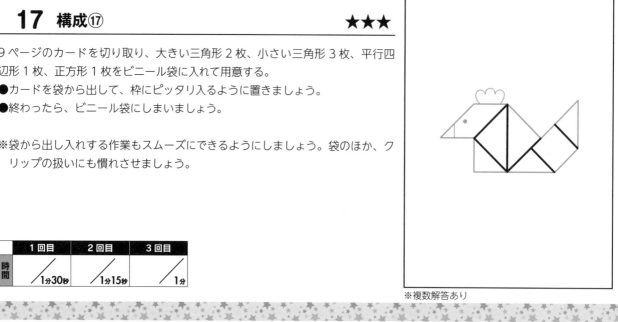

※複数解答あり

18 構成⑱　★★★

9ページのカード8枚を切り取り、ビニール袋に入れて用意する。

●カードを袋から出して、枠にピッタリ入るように置きましょう。
●終わったら、ビニール袋にしまいましょう。

※袋から出し入れする作業もスムーズにできるようにしましょう。袋のほか、クリップの扱いにも慣れさせましょう。

時間	1回目	2回目	3回目
	1分30秒	1分15秒	1分

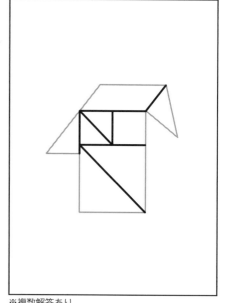

※複数解答あり

19 構成⑲　★★★

9ページのカード10枚を切り取り、ビニール袋に入れて用意する。

●カードを袋から出して、枠にピッタリ入るように置きましょう。
●終わったら、ビニール袋にしまいましょう。

※袋から出し入れする作業もスムーズにできるようにしましょう。袋のほか、クリップの扱いにも慣れさせましょう。

時間	1回目	2回目	3回目
	1分30秒	1分15秒	1分

※複数解答あり

20 構成⑳

A

11 ページのカード 7 枚を切り取って用意する。

●橋の絵にピッタリ合うようにカードを置いて、川に橋を架けましょう。全部の橋を架けてください。

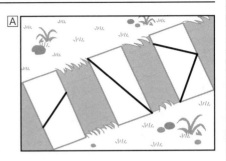

B

11 ページのカード 9 枚を切り取って用意する。

●橋の絵にピッタリ合うようにカードを置いて、川に橋を架けましょう。全部の橋を架けてください。

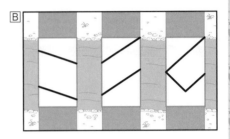

※複数解答あり

A	1回目	2回目	3回目
時間	1分	50秒	45秒

B	1回目	2回目	3回目
時間	1分50秒	1分40秒	1分30秒

21 構成㉑

★★★

A

●上の四角を 3 枚使ってできているものを、下から選んで指でさしてください。

B

●左の 2 枚の三角を使って形を作ります。作れない形を右から選んで○をつけましょう。

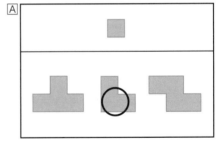

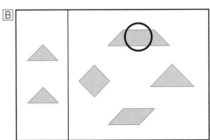

A	1回目	2回目	3回目
時間	15秒	12秒	10秒

B	1回目	2回目	3回目
時間	25秒	22秒	20秒

22　構成㉒　★★★

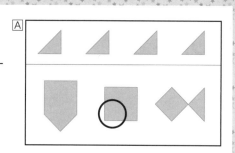

A

●上の４枚の三角を使ってできている形を下から選んで、○をつけましょう。

B

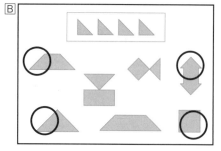

●上の４枚の三角を使ってできている形を下から選んで、○をつけましょう。

A 時間	1回目	2回目	3回目
	25秒	20秒	15秒

B 時間	1回目	2回目	3回目
	1分20秒	1分10秒	1分

23　構成㉓　★★★

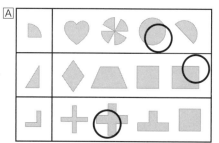

A

●それぞれの段で、左の形を４枚使ってできている形を右側から選んで、○をつけましょう。形は向きを変えてもよいですが、裏返したり重ねたりしてはいけません。

B

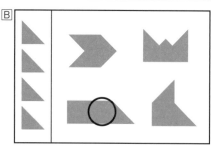

●左の４枚の三角を全部使って形を作ります。そのとき作れない形を右から選んで、○をつけましょう。

A 時間	1回目	2回目	3回目
	1分30秒	1分15秒	1分

B 時間	1回目	2回目	3回目
	50秒	45秒	40秒

24　構成㉔　★★★

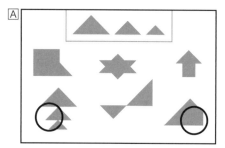

A

●上の３枚の三角を使ってできている形を、下から選んで○をつけましょう。

B

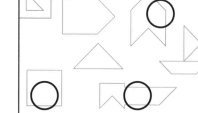

●左上の三角を８枚使ってできる形に○をつけましょう。

A 時間	1回目	2回目	3回目
	1分30秒	1分15秒	1分

B 時間	1回目	2回目	3回目
	2分15秒	1分50秒	1分30秒

25 構成㉕

A

●それぞれの形は、左上の三角のカードを何枚使ってできていますか。その数だけ、下の長四角に○をかきましょう。

B

●上の小さい四角の中の三角を何枚使うと左の形ができますか。その数だけ、右側の長四角に○をかきましょう。

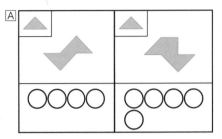

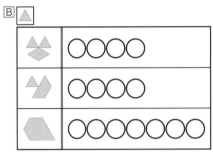

A	1回目	2回目	3回目
時間	/45秒	/37秒	/30秒

B	1回目	2回目	3回目
時間	/1分10秒	/55秒	/45秒

26 構成㉖

A

●下にある形を組み合わせて、上の形を作ります。使わないもの１つに○をつけましょう。

B

●左の形を作るのに使わない形を、右から選んで○をつけましょう。

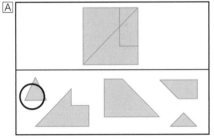

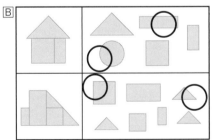

※Bの２問目は、選ぶ形と大きさ、数が合っていれば正解

A	1回目	2回目	3回目
時間	/15秒	/12秒	/10秒

B	1回目	2回目	3回目
時間	/25秒	/22秒	/20秒

27 構成㉗

★★★

A

●左の形を作るのに使わない形を右側から選んで、○をつけましょう。

B

●左の四角の中の形を 3 つ使って、右の形を作ります。使う形を 3 つ選んで○を
つけましょう。

C

●右の四角の中の形を 3 つ使って、左の形を作ります。使う形を 3 つ選んで○を
つけましょう。

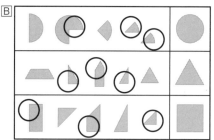

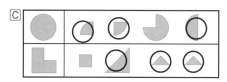

A	1 回目	2 回目	3 回目
時間	/15秒	/12秒	/10秒

B	1 回目	2 回目	3 回目
時間	/2分15秒	/1分50秒	/1分30秒

C	1 回目	2 回目	3 回目
時間	/25秒	/22秒	/20秒

28 構成㉘

★★★

●左の形を作るのに必要なものを右から選んで、○をつけましょう。

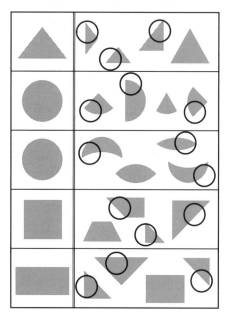

	1 回目	2 回目	3 回目
時間	/2分15秒	/1分50秒	/1分30秒